CHE y FIDEL
una amistad entrañable

CHE y FIDEL

una amistad entrañable

Editorial Capitán San Luis
La Habana, Cuba, 2004

Diseño:
Francisco Masvidal

Selección, organización de textos y fotografías:
Lic. Juan Carlos Rodríguez Cruz
Lic. Marilyn Rodríguez

Edición:
Lic. Marilyn Rodríguez
Lic. Martha Pon

Corrección:
Olga María López

Investigadores:
Lic. Juan Carlos Rodríguez Cruz
Lic. Marilyn Rodríguez

Realización:
Yariva Rivero Marchena
Norma Ramírez Vega
Julio Cubría Vichot

Impresión:
Escandón Impresores. Sevilla. Spain

Editorial Capitán San Luis, Ave. 25 No. 3406,
entre 34 y 36, Playa, La Habana, Cuba

CARIÑO ★ RESPETO ADMIRACIÓN

Lo conocí en una de esas frías noches de México [...] a las pocas horas de la misma noche de la madrugada era yo uno de los futuros expedicionarios [...]

[...] Hubo quienes estuvieron en prisión 57 días [...] con la amenaza perenne de la extradición [...] pero en ningún momento perdimos nuestra confianza personal en Fidel Castro. Y es que Fidel tuvo algunos gestos que, casi podríamos decir, comprometían su actitud revolucionaria en pro de la amistad. Recuerdo que le expuse específicamente mi caso: un extranjero, ilegal en México, con toda una serie de cargos encima. Le dije que no debía de manera alguna, pararse por mí la Revolución, y que podía dejarme; que yo comprendía la situación y trataría de ir a pelear desde donde me lo mandaran y que el único esfuerzo debía hacerse para que me enviaran a un país cercano y no a la Argentina. También recuerdo la respuesta tajante de Fidel: **"Yo no te abandono"**. [...] Esas actitudes personales de Fidel con la gente que aprecia son la clave del fanatismo que crea a su alrededor [...]

Ernesto Guevara: "Una Revolución que comienza",
en *Obras escogidas, 1957-1967*,
t.1, pp. 192-193-194.

Pero un día, por sus características de seriedad, de inteligencia, de carácter, en una casa donde había un grupo de cubanos en México, se le había designado responsable.

Fidel Castro Ruz: Discurso en la Comuna de San Miguel. Oficina de Publicaciones del Consejo de Estado, 28 de noviembre de 1971.

[...] así que **cuando nosotros nos encontramos con el Che, ya era un revolucionario formado;** además, un gran talento, una gran inteligencia, una gran capacidad teórica. [...] A todo eso se unían también condiciones humanas excepcionales, de compañerismo, desinterés, altruismo, valentía personal.

Frei Betto: *Fidel y la Religión,* La Habana, 1985, p. 372.

En realidad, después de la experiencia vivida a través de mis caminatas por toda Latinoamérica y del remate de Guatemala, no hacía falta mucho para incitarme a entrar en cualquier revolución contra un tirano, pero **Fidel me impresionó como un hombre extraordinario. Las cosas más imposibles eran las que encaraba y resolvía.**
[...] Compartí su optimismo.

Ernesto Che Guevara: *América Latina, despertar de un Continente,* p. 203.

Canto a Fidel

Vámonos,
ardiente profeta de la aurora,
por recónditos senderos inalámbricos
a liberar el verde caimán que tanto amas.

Vámonos,
derrotando afrentas con la frente
plena de martianas estrellas insurrectas,
juremos lograr el triunfo o encontrar la muerte.

Cuando suene el primer disparo y se despierte
en virginal asombro la manigua entera,
allí a tu lado, serenos combatientes,
nos tendrás.

Cuando tu voz derrame hacia los cuatro vientos
reforma agraria, justicia, pan, libertad,
allí, a tu lado, con idénticos acentos,
nos tendrás.

Y cuando llegue al final de la jornada
la sanitaria operación contra el tirano,
allí, a tu lado, aguardando la postrer batalla,
nos tendrás.

El día que la fiera se lama el flanco herido
donde el dardo nacionalizador le dé,
allí, a tu lado, con el corazón altivo,
nos tendrás.

No pienses que puedan menguar nuestra enterez
las decoradas pulgas armadas con regalo.
pedimos un fusil, sus balas y una peñ
Nada má

Y si en nuestro camino se interpone el hierr
pedimos un sudario de cubanas lágrima.
para que se cubran los guerrilleros hueso
en el tránsito a la historia american

México, 195

che

Especial impresión me
produjo también —lo digo
con mucha franqueza—
el poema del Che.
[...] a mí me emocionó
profundamente —lo
conocía— [...] es una
impresión indescriptible.

Discurso en la ceremonia de premiación del
Concurso "70 años de vida ejemplar
y revolucionaria de Fidel Castro", 12 de
diciembre de 1996, en: *El Che en Fidel Castro.*
Selección temática 1959-1997, pp. 178-179.

[...] Cuando estábamos llegando al lugar del combate, aprestándonos a tomar posiciones, recibí este pequeño manuscrito de Fidel:

[...] Te recomiendo, muy seriamente, que tengas cuidado. Por orden terminante, no asumas posición de combatiente [...]

Ernesto Guevara: Pino del Agua II, 16 de febrero de 1958,
en *Obras escogidas, 1957-1967*, p. 380.

[...] el 13 de abril de 1958 Fidel le escribe: "No sería malo que nos viéramos antes de perfilar definitivamente el discurso."

Se refiere a la intervención que haría por *Radio Rebelde* un día después y cuyo tema central era el fracaso de la Huelga del 9 de Abril, importante y grave situación por la que atravesaban las fuerzas revolucionarias. (N. del E.)

Carta al Che, 13 de abril de 1958, en: Fondo 01: Fidel Castro Ruz. Oficina de Asuntos Históricos del Consejo de Estado.

[...] Hace además muchos días que no conversamos, y luego es hasta una necesidad.

Carta al Che, 19 de mayo de 1958, en: Fondo 01: Fidel Castro Ruz, Oficina de Asuntos Históricos del Consejo de Estado.

Abril, 24/58

Che, Hermano del alma:

Recibí tu nota, veo que Fidel te ha puesto al frente de la Escuela Militar, mucho me alegra pues de ese modo podremos contar en el futuro con soldados de primera.

Cuando me dijeron que venías a "hacernos el regalo de tu presencia", no me agradó mucho. Tú has desempeñado papel principalísimo en esta contienda, si te necesitamos en esta etapa insurreccional, más te necesita Cuba cuando la guerra termine; por lo tanto, **bien hace el Gigante en cuidarte.**

Mucho me gustaría estar siempre a tu lado, fuiste por mucho tiempo mi jefe y siempre lo seguirás siendo. Gracias a ti tengo la oportunidad de ser ahora más útil, haré lo indecible por no hacerte quedar mal.

Tu eterno chicharrón,
Camilo

Che desde la memoria, pp. 182-183.

[...] Era tal la confianza de Fidel en las condiciones del Che como jefe y combatiente guerrillero, que en el momento más crítico de toda la lucha en la Sierra —en ocasión de la guerra ofensiva enemiga en el verano de 1958 contra el territorio del Primer Frente Rebelde— no vaciló el Comandante en Jefe en confiarle dos misiones de trascendental importancia y alta responsabilidad: la organización de la primera y única escuela de reclutas que funcionó en el territorio de ese Frente, y la plena dirección de la defensa del sector occidental del territorio rebelde en una de las tres principales direcciones del avance enemigo. En ambas misiones Che fue, una vez más, merecedor de esa confianza. [...] Derrotada la ofensiva y creadas las condiciones para la extensión de la guerra al resto del país, tocó también al Che por encargo de Fidel, conducir una de las dos columnas guerrilleras que emprendieron la difícil marcha hacia el centro de la isla de Cuba, y cuya exitosa campaña en los meses finales de 1958, contribuyó de manera decisiva, al colapso militar de la tiranía y a la victoria revolucionaria.

Jesús Montané Oropesa: Prólogo del libro
Che en la memoria de Fidel Castro, p.17.

Orden Militar

Se asigna al Comandante Ernesto Guevara la misión de conducir desde la Sierra Maestra hasta la Provincia de las Villas una Columna rebelde y operar en dicho territorio de acuerdo con el plan estratégico del Ejército Rebelde (...)

Se nombra al Comandante Ernesto Guevara jefe de todas las unidades rebeldes del Movimiento 26 de julio que operan en la Provincia de las Villas, tanto en las zonas rurales como urbanas y se le otorgan facultades para recaudar y disponer en gastos de guerra las contribuciones que establecen nuestras disposiciones militares, aplicar el Código Penal y las Leyes Agrarias del Ejército Rebelde en el territorio donde operen sus fuerzas; coordinar operaciones, planes, disposiciones administrativas y de organización militar con otras fuerzas revolucionarias que operen en esa Provincia (...)

La Columna No. 8 tendrá como objetivo estratégico batir incesantemente al enemigo en el territorio central de Cuba e interceptar hasta su total paralización los movimientos de tropas enemigas por tierra desde Occidente a Oriente, y otros que oportunamente se le ordenen.

Fidel Castro Ruz
Comandante en Jefe

Sierra Maestra, Agosto 21/58 9 p.m.

Se asigna al Comandante Ernesto Guevara la misión de conducir desde la Sierra Maestra hasta la Provincia de las Villas una columna rebelde y operar en dicho territorio de acuerdo con el plan estratégico del Ejército Rebelde.

La columna n° 8 que se destina a ese objetivo llevará el nombre de "Ciro Redondo", en homenaje al heroico capitán rebelde muerto en acción y ascendido póstumamente a Comandante.

PRINCIPALES ASPECTOS DEL RECORRIDO DE LAS COLUMNAS INVASORAS

	Partida		Llegada		Combates	Distancia	Tiempo	Muertos	Asesinados
	Fecha	Combatientes	Fecha	Combatientes					
Col 8	31 ago. 1958	142	16 oct. 1958	135	3	536 km	47 días	3	3
Col 2	21 ago. 1958	94	7 oct. 1958	68	2	470 km	48 días	-	2

FUERZAS REBELDES
RUTA COLUMNAS INVASORAS
COLUMNA 8 "CIRO REDONDO"
COLUMNA 2 "ANTONIO MACEO"
COMBATES

EJÉRCITO DE LA TIRANÍA
ATAQUES AÉREOS
EMBOSCADAS

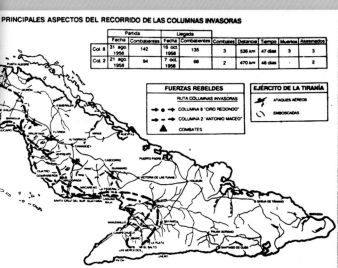

DE AQUI PARTIO HACIA OCCIDENTE, EL 31 DE AGOSTO DE 1958, LA COLUMNA INVASORA N° 8 "CIRO REDONDO" MANDADA POR EL COMANDANTE ERNESTO CHE GUEVARA.

EL JIBARO, AGOSTO 31 DE 1980
AÑO DEL II CONGRESO

DESARROLLO DE LAS ACCIONES
DURANTE LA OFENSIVA EN EL PEDRERO.

ESTRATEGIA DEL CHE EN LA OFENSIVA DE LAS VILLAS

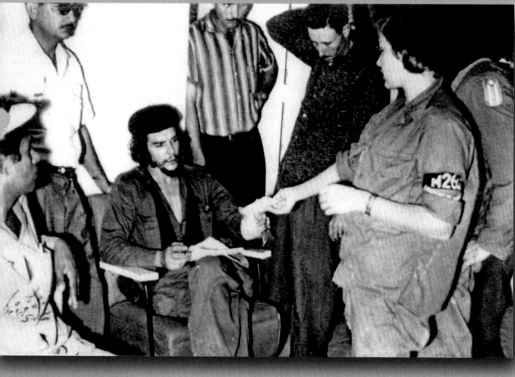

[...] Fue en el desarrollo de aquellas operaciones cuando el Che y Camilo, con aproximadamente 140 hombres el primero —según mis recuerdos, sin consultar documento alguno— y alrededor de 100 el segundo, realizaron una de las más grandes proezas entre las muchas que he conocido en los libros de historia: avanzar más de 400 kilómetros desde la Sierra Maestra, después de un huracán, hasta el Escambray, por terrenos bajos, pantanosos, infestados de mosquitos y de soldados enemigos, bajo constante vigilancia aérea, sin guías, sin alimentos, sin el apoyo logístico de nuestro movimiento clandestino, débilmente organizado en la zona de su larga ruta. Burlando cercos, emboscadas, líneas sucesivas de contención, bombardeos, arribaron a su meta. [...] tal era la infinita confianza en ellos mismos y en sus legendarios jefes. Eran hombres de hierro. Recomiendo a los jóvenes leer y releer las hermosas narraciones contenidas en los *Pasajes de la guerra revolucionaria* escritos por el Che.

Discurso pronunciado por Fidel Castro Ruz, en el acto central por el 40° aniversario del triunfo de la Revolución. Parque Céspedes, Santiago de Cuba, 1ro de enero de 1999.

PRIMERO

DE ENERO 1959

[...] al c
tenemos
combati
porqu
puede
al com

nbatiente que más agradecidos
que estarle los cubanos, al
te que dio pruebas más grandes,
si a un compañero se
amar héroe de verdad es
ñero Guevara.

Y no lo digo por las grandes cosas
que hizo, sino principalmente por donde
se conoce bien a los hombres, en los
detalles: en cada una de las veces dificilísimas,
cuando no tenía que mandarlo a buscar
nadie, cuando era el primero que se ofrecía,
cuando hizo cosas de valor extraordinario. Porque
fue un compañero que nunca persiguió un objetivo
personal, porque siempre estuvo dispuesto a sacrificar
su vida por esta causa, a morir desde el primer día
hasta el último día de la guerra; ese compañero que
tenía que ir con una medicina contra el asma. [...]

Comparecencia ante el programa "Comentarios Económicos", del canal 4 de la Televisión Cubana.
La Habana, 28 de septiembre de 1959. En: *El Che en Fidel Castro*. Selección temática 1959-1997. p 4

"[...] ocúpate ahora de tu salud, ya todo está hecho, lo más importante es tu recuperación [...]".
(Hasta donde yo recuerdo esto fue lo que alcancé a escuchar).

Perfecto Romero (fotógrafo).
Principios de 1959 en La Cabaña.

Les voy a decir una de las características del Che y una de las que yo más apreciaba, entre las muchas que apreciaba mucho: él todos los fines de semana trataba de subir el Popocatépetl, un volcán que está en las inmediaciones de la capital. Preparaba su equipo —es alta la montaña, es de nieves

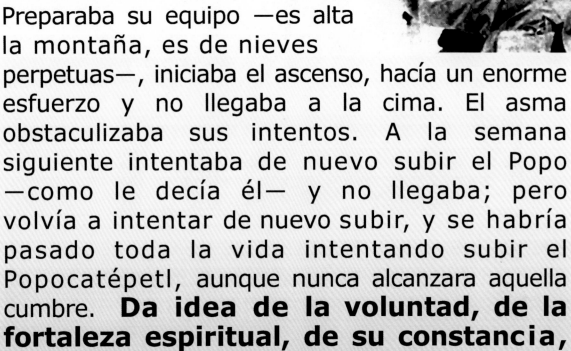

perpetuas—, iniciaba el ascenso, hacía un enorme esfuerzo y no llegaba a la cima. El asma obstaculizaba sus intentos. A la semana siguiente intentaba de nuevo subir el Popo —como le decía él— y no llegaba; pero volvía a intentar de nuevo subir, y se habría pasado toda la vida intentando subir el Popocatépetl, aunque nunca alcanzara aquella cumbre. **Da idea de la voluntad, de la fortaleza espiritual, de su constancia, una de esas características.**

¿Cuál era la otra? La otra era que cada vez que hacía falta, cuando éramos un grupo todavía muy reducido, un voluntario para una tarea determinada, el primero que siempre se presentaba era el Che.

Son muchos los recuerdos que nos dejó, y es por eso que digo **que es uno de los hombres más nobles, más extraordinarios y más desinteresados que he conocido. […]**

Discurso pronunciado por Fidel Castro Ruz en la Facultad de Derecho. Buenos Aires, Argentina, 26 de mayo de 2003. Tabloide especial, p.3.

"El Che y Fidel no conversaban como jefe y subordinado, conversaban como dos amigos. Hablaban de trabajo, hablaban de distintos temas, pero como amigos, iah!, sí, también una cosa, el Che era muy respetuoso, sabía respetar las ideas de Fidel.

"Para Fidel el Che, no sé en qué lugar ponerlo dentro de su familia, si como su hermano, su mejor amigo, su mejor compañero, desde el triunfo de la Revolución, desde que vimos ya la consolidación de la Revolución, el Che en el Banco Nacional, ahí estaba Fidel, es decir, iba más donde estaba el Che, a visitarlo, que el Che a visitar a Fidel.

"En el Ministerio de Industrias, Fidel se aparecía a la una, a las dos, a las tres de la madrugada a visitar al Che y ahí se pasaban horas conversando los dos, en todos los lugares que el Che estaba, ahí estaba Fidel, eso te dice el cariño, el respeto, la admiración que había entre ambos y no es que me lo dijeran, no, eso nosotros lo vivimos porque estábamos al lado de los dos, muchas veces compartían en esas visitas un jugo de naranja que al Che le gustaba e incluso hasta tomaban del mismo vaso, hablando íntimamente.

"Les digo, les repito, no sé en qué lugar de la estima de Fidel ubicar al Che, yo sé que está en la estima más alta, como un hermano."

Leonardo Tamayo Núñez, La Habana, 2004.
Escolta del Che durante 10 años
y guerrillero en Bolivia.

[...]
[...] esa fuerza telúrica llamada Fidel Castro Ruz, nombre que en pocos años ha alcanzado proyecciones históricas. El futuro colocará en su lugar exacto los méritos de nuestro primer ministro.

[...] Fidel es un hombre de tan enorme personalidad que en cualquier movimiento donde participe, debe llevar la conducción. [...] Tiene las características de gran conductor, que sumadas a sus dotes personales de audacia, fuerza y valor, y a su extraordinario afán de auscultar siempre la voluntad del pueblo, lo han llevado al lugar de honor y de sacrificio que hoy ocupa.

Ernesto Che Guevara: *América Latina, despertar de un Continente,* p. 275.

[...] **Y si nosotros estamos hoy aquí y la Revolución Cubana está aquí, es sencillamente porque Fidel entró primero en el Moncada, porque bajó primero del *Granma*, porque estuvo primero en la Sierra, porque fue a Playa Girón en un tanque, porque cuando había una inundación fue allá y hubo hasta pelea porque no lo dejaban entrar [...], porque tiene como nadie en Cuba, la cualidad de tener todas las autoridades morales posibles para pedir cualquier sacrificio en nombre de la Revolución.**

Ernesto Che Guevara: *El Che en Fidel Castro,*
Selección temática 1959-1997, pp. 205-206.

"Che estaba de Ministro de Industrias cuando la Crisis de los Misiles. Se hizo cargo de la defensa de Pinar del Río y se traslada a La Habana y comienza a participar en las reuniones que se hacían con Fidel para analizar la grave situación de la crisis. Al terminar estas reuniones se iba al Ministerio y se reunía con el Consejo de Dirección y nos decía, de manera muy confidencial, advirtiendo que lo que allí se hablaba era muy secreto, lo que se había tratado en las reuniones con Fidel. Luego vino U-Thant, el Secretario General de la ONU y el Che también participó en esas reuniones.

"Llega al ministerio; venía impresionado, tenía una brillantez en los ojos indescriptible, que a todos nos impactó, algo grande había sucedido y, llegado el momento de su exposición, dio un duro golpe en la mesa y dijo: **¡Coño!, hoy más que nunca he podido apreciar la grandeza, la valentía y la condición de estadista de Fidel.** Nos habló de cómo Fidel había explicado que no podíamos permitir que los americanos entraran a Cuba para inspeccionarnos como aceptaron los soviéticos. Mientras nos explicaba, sus ojos le brillaban cada vez que mencionaba a Fidel.

"Esa expresión en sus ojos y la forma en que nos habló, nos hizo ver a todos la admiración que sentía Che por Fidel."

Orlando Borrego, viceministro primero del
Ministerio de Industrias
cuando el Che era ministro del ramo, La Habana, 2004.

[...] El Che seguía al frente del Departamento de Industrias, y como Fidel, se encariñaba con las personas y con las cosas, al punto de hacer barbaridades con su propia vida, como cuando se escapó en una avioneta para ir a Jovellanos para llevarse unos jóvenes medio salvajes que enseñó a leer y a escribir. Él quería que esos muchachos conocieran el mundo a través de todas las oportunidades que les daba la Revolución. Por supuesto, lo de la avioneta fue un disparate y **Fidel lo regañó cuando regresaron. [...]**

Pedro Prada: *La secretaria de la República*, p. 230.

"El Che decía que él había sido un privilegiado en tener un jefe y un maestro como Fidel."

Leonardo Tamayo Núñez, La Habana, 2004.

"Yo estaba en un seminario de Economía Política con el Che y siempre nos pasábamos noches y madrugadas estudiando hasta bien tarde y se aparece una de esas madrugadas Fidel y todos nos quedamos casi mudos cuando nos preguntó cuál capítulo estábamos estudiando, para luego participar con nosotros en la discusión y más tarde explicarnos con todo el entusiamo que lo caracteriza, los últimos planes que estaba desarrollando. El Che se viró hacia mí mientras Fidel hablaba, y me dijo muy bajito: 'Hace días que quiero hablar con Fidel, al final quédense en el seminario para yo reunirme con él.'

"Recuerdo como todos estábamos absortos escuchando aquellos proyectos y después de varias horas, Fidel se puso de pie para retirarse, despidiéndose de nosotros. Al marcharse, el Che se lamenta de que había sido tal la forma en que Fidel lo había entusiasmado con sus planes que se le había olvidado que tenía que hablar con él otras cosas."

Orlando Borrego, La Habana, 2004.

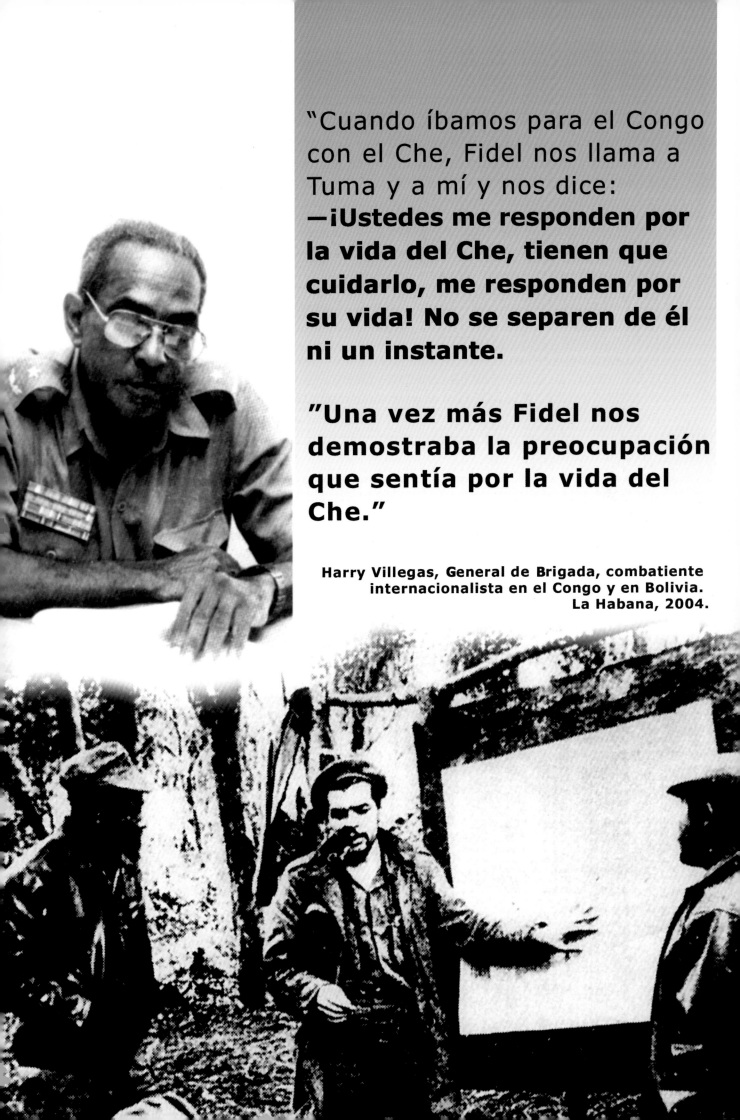

"Cuando íbamos para el Congo con el Che, Fidel nos llama a Tuma y a mí y nos dice:
—¡Ustedes me responden por la vida del Che, tienen que cuidarlo, me responden por su vida! No se separen de él ni un instante.

"Una vez más Fidel nos demostraba la preocupación que sentía por la vida del Che."

Harry Villegas, General de Brigada, combatiente internacionalista en el Congo y en Bolivia. La Habana, 2004.

Querido Ramón:

[...] dada la delicada e inquietante situación en que te encuentras ahí, debes, de todas formas, considerar la conveniencia de darte un salto hasta aquí.

Tengo muy en cuenta que tú eres particularmente renuente a considerar cualquier alternativa que incluso poner por ahora un pie en Cuba.

[...] Hacer uso de las ventajas que objetivamente significan poder entrar y salir de aquí, coordinar, planear, seleccionar y entrenar cuadros y hacer desde aquí todo lo que con tanto trabajo, solo deficientemente puedes realizar desde ahí u otro punto similar, no significa ningún fraude, ninguna mentira, ningún engaño al pueblo cubano o al mundo [...]

[...] Lo que sí sería una falta grave, imperdonable, es hacer las cosas mal pudiéndolas hacer bien. Tener un fracaso cuando existen todas las posibilidades del éxito [...]

Es una enorme ventaja en este caso que tú puedes utilizar esto, disponer de casas, fincas aisladas, montañas, cayos solitarios y todo cuanto sea absolutamente necesario para organizar y dirigir personalmente los planes, dedicando a ello ciento por ciento tu tiempo, auxiliándote de cuantas personas sean necesarias, **sin que tu ubicación la conozcan más que un reducidísimo número de personas**. Tú sabes absolutamente bien que puedes contar con estas facilidades [...]

[...] Yo no te planteo una espera de décadas ni de años siquiera, solo de meses, puesto que yo creo que en cuestión de meses, trabajando en la forma que te sugiero, puedes ponerte en marcha en condiciones extraordinariamente más favorables de las que estamos tratando de lograr ahora.

[...] Sé que cumples los treinta y ocho el día 14. ¿Piensas acaso que a esa edad un hombre empieza a ser viejo? Espero no te produzcan fastidios y preocupación estas líneas. Sé que si las analizas serenamente me darás la razón con la honestidad que te caracteriza. Pero aunque tomes otra decisión absolutamente distinta, no me sentiré por eso defraudado. **Te las escribo con entrañable afecto y la más profunda y sincera admiración a tu lúcida y noble inteligencia, tu intachable conducta y tu inquebrantable carácter de revolucionario íntegro**, y el hecho de que puedas ver las cosas de otra forma no variará un ápice esos sentimientos ni entibiará lo más mínimo nuestra cooperación [...]

Carta de Fidel al Che, cuando éste se encontraba en Checoslovaquia, luego de la experiencia del Congo y se disponía a partir para Bolivia. Junio de 1966. Ya en Cuba se había hecho pública la carta de despedida. Ernesto Che Guevara: *Pasajes de la Guerra Revolucionaria.* Prólogo de Aleida Guevara March, pp. 16-17-18

[...] ese mismo año el Che regresa a Cuba. [N. del E.].

"En una ocasión, cuando las noticias sobre la guerrilla del Che en el Congo comenzaban a ser preocupantes y las informaciones sobre él empezaban a tergiversarse, llegó a mis manos uno de los tantos artículos llenos de falsedades sobre la actitud asumida por el Che, y con no pocas malas interpretaciones sobre su pensamiento teórico y su actitud como dirigente. El artículo era de la escritora Sol Arguedas, la misma, se decía amiga de la Revolución Cubana y en su artículo interpretaba, a su manera, los motivos por los que el Che se había marchado de Cuba. Yo leí y releí el artículo varias veces y finalmente me decidí a contestarlo mediante una carta que dirigí a su autora; la respuesta fue bastante dura y poco diplomática.

"Por ese entonces, para sorpresa mía, fui informado de que el Che se encontraba en Cuba y que solicitaba mi presencia; una de las primeras cosas que se me ocurre fue presentarle al Che la carta que tenía lista para enviar a Sol Arguedas, para que la revisara y me diera su aprobación, la leyó pacientemente, se dedicó durante varias horas a hacerle correcciones que consideró pertinentes, y luego le agregó, de su puño y letra, un párrafo final. Quedó como si hubiera sido escrita por mí."

Orlando Borrego, viceministro primero del Ministerio de Industrias, cuando el Che era Ministro. La Habana, 2004.

El texto rectificado por el Che quedó de esta forma:

[...] quizás algún día el Che muera en un campo de batalla o emerja en una revolución triunfante; se percatará entonces de la autenticidad de su carta de despedida y de **su identificación total con la Revolución Cubana y su Jefe.** [...]

Foto tomada con cámara automática semanas antes de la partida del Che para Bolivia.

La sinceridad de esta carta ~~nadie la~~ discute, Nue
Guevara, y su honestidad.

~~¿No está claro todavía? ¿Para qué buscarle la q~~
~~más que tiene cuatro?~~

Pero antes de seguir. Afirmaba usted que Fidel
samente sobre cómo construir el hombre nuevo.
mente su ~~~~ del 1ro. de Mayo.

guirla en su artículo a t
Por un lado dice que Fid
ado insinua que los dirig
ablar de la discusión ide
a luego dar a entender q
ce que no quiere hacer u
decimos aquí-, pero, e

de su artículo se empie
al Che como un pequeño
ueses. Y éso que decía
a por el Che guerrillero

da quien le enseñó a com
ptos de Neruda los corr
s intelectuales cubanos,
e, y después almuerza
i robe las ultimo
quizás usted piense que
s cubanos.

to, al asunto del sistema
polémicas se ventilan e
o decía hace un rato que
ejemos a un lado este fa

---

7 de Septiembre de 1966
AÑO DE LA SOLIDARIDAD

Ref. A-106 OM-748

Sra. Sol Arguedes
Editorial Historia y Sociedad
Nicolás, San Juan 846-3
Méjico 12. D.F.

Compañera:

En distintas revistas mejicanas ha sido publicado un artículo suyo. El título,
a no dudar, es periodístico en estos momentos: "¿Dónde está el Che Guevara?!"

A mis manos llegó un ejemplar de esa Editorial, y al leer dicho artículo me
dije: "Esto requiere una respuesta amplia, además, invita a polemizar", pero al mismo tiempo pensé que éste no era el medio ni el momento para ha –
cerlo. Quizás sería mejor en una próxima visita suya a Cuba.

Hoy solamente me interesa aclarar algunos puntos, ~~y advierto, no para que~~
~~se publique.~~ Creo que existen errores por parte de usted, y asumo que son –
producto de la falta de información, y por tanto, los criterios que se expre-
san carecen de un análisis profundo y a la vez objetivo. Hasta donde estoy
autorizado, trataré de explicarle en qué consisten mis discrepancias. Vaya-
mos, pues, en el mismo orden que su artículo.

Se pregunta usted dónde está el Che ideológicamente, y para responderse
plantea que la lucha de clases se convierte en el socialismo, en lucha ideoló
gica. Aquí le apunto que revise sus lecturas marxistas, para que comprenda
que en la lucha de clases se enfrentan hombres con intereses opuestos. En –
la lucha ideológica, cuando existe en un país socialista, se debaten criterios
sobre cómo mejor construir la nueva sociedad. Usted misma dice que no –
hay recetas universales para cocinar un hombre nuevo.

Facsímil de la corrección hecha por el Che a la carta respuesta a Sol Arguedas.

Left margin fragment (partial typed page):

> o conoce bien al Che

> al gato, si éste nada

> pronunciado expre-
> endo leer cuidadosa

> asinuaciones y una -
> espíritu pequeño -
> nos tienen actitudes-
> ice reconocer el ob-
> ctitud pequeño bur -
> co de la pequeña bur
> , sí hace el panegí-

> ar las medias tintas
> o por lo menos, con
> cómo latinoaméri -
> eológico, el Che fun

> stas cosas. ¿Por -
> están de acuerdo con
> te da armas al ene -
> ade. Tal vez pueda
> ts del poeta y ele
> a actitud pequeño bur

> stario, y el cálculo -
> stas teóricas. Pero,-
> huía la discusión ideo
> ntinuemos.

Main document:

REPUBLICA DE CUBA

MINISTERIO DE LA INDUSTRIA AZUCARERA

HABANA

MINISTRO

- 6 -

Volviendo al asunto del sistema presupuestario y el cálculo económico, ~~afortu nadamente~~ usted llega a la conclusión de que para seguir tratando sobre el tema, hay que estudiar bastante. Pues bien, esperaremos a que éso ocurra, ~~pues~~ ~~es oposicionante~~ y si quiere podrá saber la opinión de Fidel, la remito a su discurso, de 26 de julio, a la CTC. Sobre la referencia que después hace a la posición internacional del Che, ya - hemos visto como él dice que no tiene otra que la de la Revolución cubana, y - la Tricontinental es un buen ejemplo de ello.

~~Quizás el~~ la verdad más grande, ~~y la que a nuestro entender salva~~ de su entender su artículo, es cuando ~~usted~~ éste dice: "Para ellos la construcción del socialismo y la lucha contra el imperialismo, junto con la solidaridad hacia otros pueblos, constitu yen un todo inseparable". Analice a la luz de su propia frase la partida del - Che, y comprenderá mejor las razones de la misma.

Y por último, perdone la rudeza, pero, al finalizar la lectura de su artículo, no puedo menos que exclamar: "De defensores como éstos, líbrenos Dios."

~~Fraternalmente,~~

PATRIA O MUERTE
VENCEREMOS

Tte. Orlando Borrego Díaz.

mm.

Quizás algún día el Che muera en un campo de batalla o envuelva en una revolución triunfante; se percatará entonces de la autenticidad de su carta de despedida y de la identificación total con la revolución cubana y su jefe. Pero estos dos acontecimientos en trapuestos de la disyuntiva por él planteada pueden tardar mucho (esperemos que no ocurra el primero) y ~~mientras~~ en atención a ello me permito hacerle llegar estos ~~est~~ líneas

---

A O MUERTE
REMOS

rlando Borrego Díaz.

Quizás algún día el Che muera en un campo de batalla o envuelva en una revolución triunfante; se percatará entonces de la autenticidad de su carta de despedida y de la identificación total con la revolución cubana y su jefe. Pero estos dos acontecimientos en trapuestos de la disyuntiva por él planteada pueden tardar mucho (esperemos que no ocurra el primero) y ~~mientras~~ en atención a ello me permito hacerle llegar estos ~~est~~ líneas

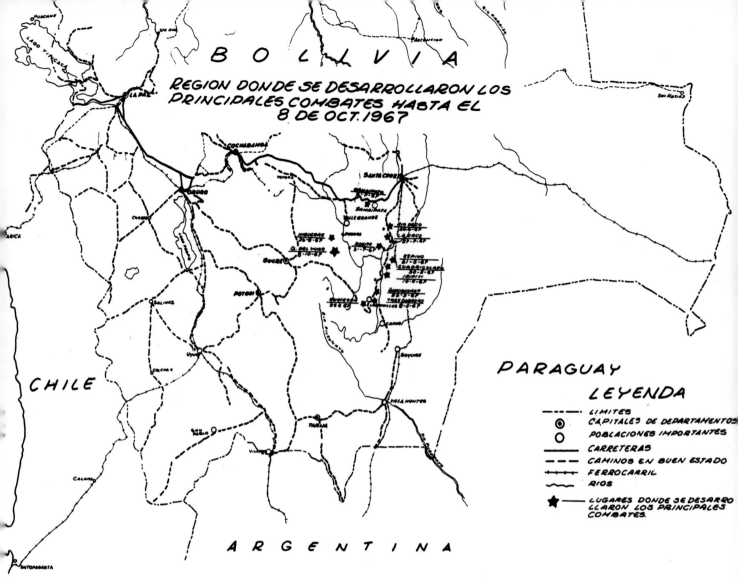

P: ¿Pertenecen enteramente al Che la idea original y el plan para Bolivia?

MP: Sí, la elección del lugar, los combatientes, el diseño y preparación de dicho plan, todo fue concebido por él. Lógicamente, Fidel ofreció todo el apoyo y la cooperación posibles. Nuevamente planteó que el Che no fuera en la avanzada, sino cuando ésta ya se hubiera instalado y creado un mínimo de condiciones: la logística, el armamento, las redes urbanas de apoyo y la incorporación de algunos cuadros latinoamericanos, en particular los bolivianos, así como que éstos hubieran alcanzado conocimientos, adaptación al terreno, en fin, que la guerrilla hubiera superado la etapa de sobrevivencia. Pero el Che ya estaba deseoso de comenzar la lucha, sobre todo en un país como ese, vecino de aquel a donde deseaba llevar la batalla revolucionaria, Argentina.

[...]

MP: Algún día, en el momento oportuno y conveniente, habrá que contar con más detalles esta historia y reconocer a todos esos compañeros que trabajaron en aquellas operaciones en las que no hubo una sola falla. Hacia África se movieron más de 140 cubanos y más de 20 para Bolivia, sin ser detectados por los órganos de espionaje yanqui, ni por los aparatos de seguridad de los países por donde transitaron. Se laboró con mucha meticulosidad, profesionalismo, compartimentación y sobre todo con una gran motivación por tratarse del Che y de quienes lo acompañaban.

[...]

MP: Lo vi en la madrugada del día que marchaba hacia el aeropuerto para su incorporación a la lucha guerrillera en Bolivia. Fue en una casa de seguridad donde sostuvo —creo— la última conversación con Fidel. Se hallaban también Raúl Castro y Vilma Espín. En la sala había un sofá y Fidel y Che estuvieron hablando allí solos, en voz baja, un tiempo muy prolongado.

Barbarroja. Selección de testimonios
y discursos del Comandante Manuel
Piñeiro Losada, pp. 31-35-37.

[...] Teníamos excelentes relaciones de amistad, de confianza, y Che realmente prestaba mucha atención a los puntos de vista, a los criterios que yo le daba porque siempre mantuvimos una confianza y una amistad profunda hasta el final. Pero aquella era su idea. La otra cosa era prohibirle, y eso no estaba dentro del tipo de relaciones que teníamos nosotros, ni por razones de Estado imponerle un criterio.

Lo que hicimos fue que lo ayudamos, y ayudamos algo que creíamos que era posible; no habríamos podido ayudar algo imposible, algo en que no creyéramos, porque habría sido nuestro deber decirle: no es posible, no podemos hacer esto, no se pueden sacrificar compañeros en esa tarea. Pero fue así lo que él hizo. Y yo comparto lo que hizo, lo creo.

Solo una cosa hubiese hecho diferente, habría esperado que se desarrollara un movimiento fuerte, para que un cuadro de su calidad y de su importancia estratégica se hubiera incorporado en ese momento y no hubiese tenido que pasar por toda esa prueba inicial, que es la más difícil, la más peligrosa, la más riesgosa, como los hechos lo demostraron, pues lo llevaron a la muerte.

Un encuentro con Fidel, p. 345.

[...] Las cosas que se dijeron sobre supuestas discrepancias con la Revolución Cubana fueron infames calumnias. Él tenía su personalidad, sus criterios, discutíamos fraternalmente sobre diversos temas, pero siempre hubo una armonía, una comunicación, una unidad completa en todo, y excelentes relaciones, porque, además, **era un hombre de gran espíritu de disciplina.**

Frei Betto: *Fidel y la Religión*, p. 375

P: Entrando en materia, ¿cómo usted diferenciaría a Fidel y al Che?
MP: **Más que diferencias, lo que siempre he percibido en esos dos seres humanos, ha sido una complementación [...]**

Barbarroja. Selección de testimonios y discursos del Comandante Manuel Piñeiro Losada, p. 57.

"Fidel iba a los entrenamientos, hasta dos veces a la semana a San Andrés. Se sentaba con todos nosotros a conversar de distintos tópicos y **siempre el tema principal era velar por la vida del Che.**

"**Siempre estuvo recalcando la seguridad del Che.** Eso sí fue una constante del Comandante en Jefe: la vida del Che, cuidar al Che, la vida del Che, cuidar al Che."

Leonardo Tamayo Núñez, La Habana, 2004.

Carta de despedida del Che A Fidel Castro

Fidel:

Me recuerdo en esta hora de muchas cosas, de cuando te conocí en casa de María Antonia, de cuando me propusiste venir, de toda la tensión de los preparativos.

Un día pasaron preguntando a quién se debía avisar en caso de muerte y la posibilidad real del hecho nos golpeó a todos. Después supimos que era cierto, que en una revolución se triunfa o se muere (si es verdadera). Muchos compañeros quedaron a lo largo del camino hacia la victoria.

Hoy todo tiene un tono menos dramático porque somos más maduros, pero el hecho se repite. Siento que he cumplido la parte de mi deber que me ataba a la Revolución cubana en su territorio y me despido de ti, de los compañeros, de tu pueblo que ya es mío.
Hago formal renuncia de mis cargos en la Dirección del Partido, de mi puesto de Ministro, de mi grado de Comandante, de mi condición de cubano. Nada legal me ata a Cuba, sólo lazos de otra clase que no se pueden romper con los nombramientos.

Haciendo un recuento de mi vida pasada creo haber trabajado con suficiente honradez y dedicación para consolidar el triunfo revolucionario. **Mi única falta de alguna gravedad es no haber confiado más en ti desde los primeros momentos de la Sierra Maestra y no haber comprendido con suficiente celeridad tus cualidades de conductor y de revolucionario. He vivido días magníficos y sentí a tu lado el orgullo de pertenecer a nuestro pueblo en los días luminosos y tristes de la Crisis del Caribe. Pocas veces brilló más alto un estadista que en esos días, me enorgullezco también de haberte seguido sin vacilaciones, identificado con tu manera de pensar y de ver y apreciar los peligros y los principios.**

Otras tierras del mundo reclaman el concurso de mis modestos esfuerzos. Yo puedo hacer lo que te está negado por tu responsabilidad al frente de Cuba y llegó la hora de separarnos.

Sépase que lo hago con una mezcla de alegría y dolor; aquí dejo lo más puro de mis esperanzas de constructor y lo más querido entre mis seres queridos… y dejo un pueblo que me admitió como un hijo; eso lacera una parte de mi espíritu. En los nuevos campos de batalla llevaré la fe que me inculcaste, el espíritu revolucionario de mi pueblo; la sensación de cumplir con el más sagrado de los deberes: luchar contra el imperialismo dondequiera que esté; esto reconforta y cura con creces cualquier desgarradura.

Digo una vez más que libero a Cuba de cualquier responsabilidad, salvo la que emane de su ejemplo. Que si me llega la hora definitiva bajo otros cielos, **mi último pensamiento será para este pueblo y especialmente para ti. Que te doy las gracias por tus enseñanzas y tu ejemplo al que trataré de ser fiel hasta las últimas consecuencias de mis actos.** Que he estado identificado siempre con la política exterior de nuestra Revolución y lo sigo estando. Que en dondequiera que me pare sentiré la responsabilidad de ser revolucionario cubano, y como tal actuaré. Que no dejo a mis hijos y mi mujer nada material y no me apena: me alegra que así sea. Que no pido nada para ellos pues el Estado les dará lo suficiente para vivir y educarse.

Tendría muchas cosas que decirte a ti y a nuestro pueblo, pero siento que son innecesarias, las palabras no pueden expresar lo que yo quisiera, y no vale la pena emborronar cuartillas.
Hasta la victoria siempre. ¡Patria o Muerte!

Te abraza con todo fervor revolucionario,

Habana
Año de la agricultura

Fidel:

Me acuerdo en esta hora de muchas cosas, de cuando te conocí en casa de María Antonia, de cuando me propusiste venir, de toda la tensión de los preparativos.

Un día pasaron preguntando a quién se debía avisar en caso de muerte y la posibilidad real del hecho nos golpeó a todos. Después supimos que era cierto, que en una revolución se triunfa o se muere (si es verdadera). Muchos compañeros quedaron a lo largo del camino hacia la victoria.

Hoy todo tiene un tono menos dramático porque somos más maduros, pero el hecho se repite...

...y no vale la pena hacerlo. ¡Hasta la victoria siempre, Patria o Muerte.

Te abraza con todo fervor revolucionario

Ch

"Tuvimos la oportunidad de estar 10 años y 6 meses al lado del Che.

"Mi misión, como es lógico, era cuidarlo dondequiera, en Cuba, en China, en África, dondequiera que estuviera el Che; y en Bolivia **mi misión era cuidarlo y así lo recomendaba el Comandante en Jefe... la vida del Che.**

"En el único combate que nosotros no estuvimos al lado del Che fue el 8 de octubre [...] él me manda con Harry Villegas y me dice: 'Tú, a doscientos; trescientos metros, quebrada arriba. El único combate en que no estuve junto a él'."

Leonardo Tamayo Núñez, La Habana, 2004.

"Fidel Castro informa al pueblo de Cuba la muerte del Che."

[...] cuando pensamos en su vida, cuando pensamos en su conducta, que constituyó el caso singular de un hombre rarísimo en cuanto fue capaz de conjugar en su personalidad no solo las características de hombre de acción, sino también de hombre de pensamiento, de hombre de inmaculadas virtudes revolucionarias y de extraordinaria sensibilidad humana, unidas a un carácter de hierro, a una voluntad de acero, a una tenacidad indomable.

Discurso en la velada solemne en memoria del Comandante
Ernesto Che Guevara en la Plaza de la Revolución,
La Habana, 18 de octubre de 1967.
El Che en Fidel Castro. Selección temática 1959-1997, p. 63.

[...]

Si queremos expresar cómo aspiramos que sean nuestros combatientes revolucionarios, nuestros militantes, nuestros hombres, debemos decir sin vacilación de ninguna índole: ¡que sean como el Che! Si queremos expresar cómo queremos que sean los hombres de las futuras generaciones, debemos decir: ¡que sean como el Che! Si queremos decir cómo deseamos que se eduquen nuestros niños, debemos decir sin vacilación: ¡queremos que se eduquen en el espíritu del Che! Si queremos un modelo de hombre, un modelo de hombre que no pertenece a este tiempo, un modelo de hombre que pertenece al futuro, ¡de corazón digo que ese modelo sin una sola mancha en su conducta, sin una sola mancha en su actitud, sin una sola mancha en su actuación, ese modelo es el Che! Si queremos expresar cómo deseamos que sean nuestros hijos, debemos decir con todo el corazón de vehementes revolucionarios: ¡queremos que sean como el Che!

Discurso en la velada solemne en memoria del Comandante
Ernesto Che Guevara en la Plaza de la Revolución, La Habana, 18 de octubre de 1967.
El Che en Fidel Castro. Selección temática 1959-1997, pp. 67-68.

"Nosotros llegamos a las diez de la mañana del día 6 de marzo de 1968 (se refiere al arribo a Cuba del grupo de guerrilleros que salió de Bolivia luego de la muerte del Che. N. del E.) y estuvimos con Fidel reunidos hasta el otro día a las seis de la mañana y de ahí nos dio un chance para que fuéramos a la casa y a las once de la mañana estuviéramos de regreso con él explicándole todo. En ese tiempo jamás lo vimos sonreír, no era en ese momento el carácter de él que conocemos, que hemos visto en diferentes oportunidades, era totalmente distinto, se notaba, se veía amargado, triste.

Leonardo Tamayo Núñez, La Habana, 2004.

Cuando llegamos de Bolivia, Fidel nos esperaba, nos recibió con un fuerte abrazo lleno de comprensión, de confianza [...] Lo noté serio, triste por la muerte del Che.

Harry Villegas. La Habana, 2004.

[...] A veces siento deseos de escribir algo sobre el Che, una especie de biografía sobre el Che, o tan siquiera las impresiones desde que lo conocí hasta hoy, porque lo sigo conociendo cada vez más, ayer como combatiente, con el fusil al hombro, entre montañas, cumpliendo misiones muy difíciles; hoy como combatiente presente, con sus ideas, con su ejemplo, como símbolo que es: símbolo de nuestra América, símbolo de nuestras aspiraciones, símbolo de nuestra Revolución, **hermano entrañable** al que realmente pude conocer muy bien.
El Che es mucho más que todo lo que se ha escrito sobre él. [...]

Pescando recuerdos, Enrique Oltuski, p. 205

¡Gracias por venir a reforzarnos en esta difícil lucha que estamos librando hoy para salvar las ideas por las cuales tanto luchaste, para salvar la Revolución, la patria y las conquistas del socialismo, que es parte realizada de los grandes sueños que albergaste!

Para llevar a cabo esta enorme proeza, para derrotar los planes imperialistas contra Cuba, para resistir el bloqueo, para alcanzar la victoria, contamos contigo.

Palabras en la ceremonia por el XXX aniversario de la caída en combate del Guerrillero Heroico y la inhumación de sus restos. Villa Clara, 17 de octubre de 1997.

Veo además al Che como

que crece cada día, cuya imagen, cuya fuerza,
cuya influencia se han multiplicado
por toda la Tierra.

Che está librando y ganando

¡Gracias, Che, por tu histor

un gigante moral

Welcome to Cuba Mr. Rumsfeld

SOLIDARIETÀ CON CU...
BLOCO
ASSOCIAZIONE ITALIA CU...

FRANCE-CUBA
DROITS DE LA FEMME=N'1 DROITS DE L'ENFANT=N'1
SOLIDARITÉ avec CUBA N'1 DES DROITS DE L'HOMME

Che PRESENTE!

TU EJEMPLO
VIVE
TUS IDEAS PERDURAN

...más batallas que nunca.

...a, tu vida y tu ejemplo!

Ceremonia por el XXX aniversario
de la caída en combate
del Guerrillero Heroico
y la inhumación de sus restos.
Villa Clara, 17 de octubre de 1997.

Que si me llega la hora definitiva bajo otros cielos, mi último pensamiento será para este pueblo y **especialmente para ti.**

Carta de despedida del Che